글·그림 **최미란**

그림책 일이 하나씩 끝날 때마다 집 안 대청소를 합니다. 그림 그리는 일과 생활을 집에서 함께 하는데 일하는 동안에는 청소를 자주 하지 못하거든요. 먼지와 때, 쓰레기가 가득했던 내 집, 내 방, 내 책상을 깨끗이 청소한 뒤 침대에 누웠을 때의 편안함이 너무 좋습니다.
서울시립대학교를 다니며 디자인과 일러스트레이션을 배웠고, 『출동! 마을은 내가 지킨다』 『동동이 실종 사건』 『말들이 사는 나라』 『삼백이의 칠일장』 『수궁가』 『슈퍼 히어로의 똥 닦는 법』 『돌로 지은 절 석굴암』 『저승사자에게 잡혀간 호랑이』 등에 그림을 그렸습니다.

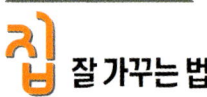

집 잘 가꾸는 법

2020년 1월 10일 1판 1쇄
2023년 4월 20일 1판 4쇄

ⓒ최미란, 곰곰 2020

글·그림 : 최미란 | 기획·편집 : 곰곰_전미경, 안지혜 | 디자인 : 권석연 | 편집관리 : 그림책팀
제작 : 박흥기 | 마케팅 : 이병규, 양현범, 이장열, 김지원 | 홍보 : 조민희 | 인쇄 : (주)로얄프로세스 | 제책 : 책다움
펴낸이 : 강맑실 | 펴낸곳 : (주)사계절출판사 | 등록 : 제406-2003-034호
주소 : (우)10881 경기도 파주시 회동길 252
전화 : 031)955-8588, 8558 | 전송 : 마케팅부 031)955-8595 편집부 031)955-8596
홈페이지 : www.sakyejul.net | 전자우편 : picturebook@sakyejul.com
페이스북 : facebook.com/sakyejulpicture | 트위터 : twitter.com/sakyejul
블로그 : blog.naver.com/skjmail | 인스타그램 : sakyejul_picturebook

값은 뒤표지에 적혀 있습니다. 잘못 만든 책은 구입하신 서점에서 바꾸어 드립니다.
사계절출판사는 성장의 의미를 생각합니다. 사계절출판사는 독자 여러분의 의견에 늘 귀 기울이고 있습니다.

ISBN 979-11-6094-528-7 74370   ISBN 978-89-5828-445-1 74370(세트)

자신만만 생활책

집 잘 가꾸는 법

최미란 글★그림

사계절

이사하기 5
이사 전날 우리 집 6
이사하는 날 우리 집 7
우리 동네 9
우리 집 살림 10
살림이 채워진 우리 집 12
행복빌라 사람들 14

청소하기 18
더러워서 안 되겠어! 대청소하자! 20
정리 정돈 21
집을 더럽히는 먼지, 때, 냄새 24
세제 25
그 밖의 청소 세제 26
청소 도구 28
쓰레기 버리기 30

집과 자연 33

빛과 바람　34

우리 집 실내 정원　36

날씨와 집　38

해충　42

이웃과 배려 44

층간 소음　46

같이 쓰는 공간　47

집에 하나쯤 있어야 할 공구 세트　48

집에 꼭 있어야 할 비상 용품　50

이사하기

오늘은 우리 집이 이사하는 날이야.
그래서 우리 가족은 아주 바빠.
이사할 때에는 할 일이 아주 많거든.

이사 전날 우리 집

엄마는 중요한 물건을 각자 따로 챙겨서 직접 들고 가자고 했어.
나는 중요한 물건을 찾느라고 서랍을 뒤졌어.
보물찾기 하는 기분이었어.

이사하는 날 우리 집

이삿짐센터 직원들이 많은 살림들을 두꺼운 천과 에어캡에 싸서 집 밖으로 옮겼어. 장롱 밑에서 동전과 강아지 장난감들이 많이 나왔어. 테이프 뜯는 소리, 수레 굴러가는 소리, 사다리차 움직이는 소리. 이사는 이렇게 시끄러운 거래.

이사하는 날 보물찾기

장롱 밑을 찾아봐.
와, 내 탱탱볼이 여기 있었네.

가구 사이를 찾아봐.
어머어머, 삼 일 밤낮을 찾던 서류가 여기 있었네.

서랍 뒤를 찾아봐.
내가 아끼던 손수건이 여기 있었네.

빌라
아파트처럼 공동 주택인데, 사 층을 넘지 않아.

우리 동네

큰길, 중간 길, 작은 길을 지나고 시장이 나왔어.
시장 지나 조금 더 가서 싱싱마트 옆 골목으로 들어가니 오른쪽에
빨간 벽돌 건물이 있어. 오늘부터 우리가 살 집이 이 건물에 있어.
시장이 가까이 있어서 그런지 길에 사람이 많아.
왠지 전에 살던 곳보다 재미있는 일이 많을 것 같아.
여기가 오늘부터 우리 동네야.

우리 집 살림

새집은 살던 사람이 이사 나가고 텅 비어 있었어. 우리 집 살림이 하나둘 들어가면서 차츰 우리 집이 되어 갔어. 소파가 놓이면 거실, 내 침대가 놓이면 내 방, 할머니 장식장이 놓이면 할머니 방이 되었지. 살림이 놓이면서 집 안 공간에 이름이 생겼어.

누전 차단기
두꺼비집이라고도 불러. 전기가 불안정할 때 전기를 끊어서 불이 날 위험을 막아.

인터폰
집을 방문한 사람이 누구인지 집 안에서 알 수 있어.

살림

집에서 쓰는 가구나 전기 제품, 그릇 같은 물건을 살림이라고 해. 살림을 차리고 사는 것을 살림살이라고 하지.

살림이 채워진 우리 집

부엌
음식을 만들고 먹는 곳. 불을 사용하는 곳이니 불이 나지 않게 조심.

거실
집의 중심으로, 밝고 통풍이 잘 되는 곳. 집의 분위기가 여기서 드러나.

현관
집 밖으로 나가기 전에 신발을 신고, 우산을 챙기고, 옷매무시를 한 번 더 만지는 곳.

할머니 방
새로 산 장식장 안에 아끼는 장식품을 전시했어. 예쁜 꽃무늬 벽지에 나무 가구들이 따뜻하게 느껴져.

발코니
햇빛과 바람이 들어오는 첫 번째 통로. 빨래를 말리고, 화단이나 세탁실, 창고로 쓸 수 있어.

짐 푸는 요령

- 큰 가구 먼저 놓기
- 작은 가구 놓기
- 가구 안에 살림 채우기
- 자투리 공간 활용
  - 서랍장, 선반을 활용해서 틈새 공간도 정리해.
- 가구는 벽에 붙이기
  - 방 가운데 공간이 생기게 해.

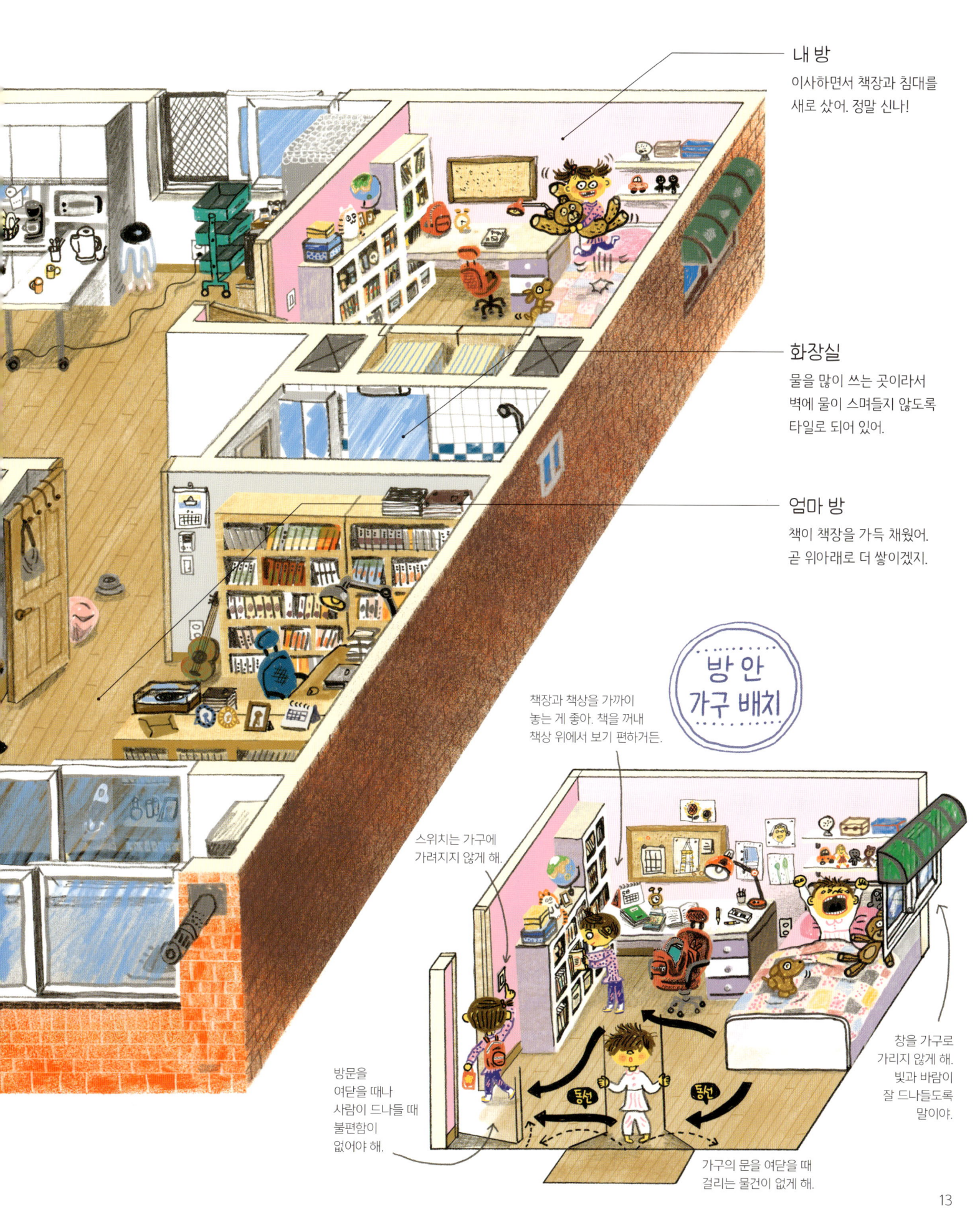

행복빌라 사람들

이삿짐을 다 풀고 나니 어느새 해가 지고 있어.
할머니, 엄마, 나는 이웃집에 시루떡을 돌렸어.
이사 왔으니 잘 지내자고 이웃들에게 인사하는 거래.
우리 이웃들은 어떤 사람들일까? 오늘 이사 온 우리를 반겨 줄까?

청소하기

깨끗한 집에서 살려면 자주 청소를 해야 해.
그래야 더러움이 쌓이지 않아.
귀찮다고 청소를 미루면 때가 찌들어서 청소하기 더 힘들지.
우리 집에서는 엄마가 가장 청소를 게을리해.
일하느라고 너무 바쁘다는 핑계를 대지.
나도 자라느라고 바쁜데 말이야.

더러워서 안 되겠어! 대청소하자!

청소 복장 갖추기

청소할 때 나오는 때, 먼지 같은 오염물이 몸과 옷에 묻지 않게 해.

고무장갑
쓰레기나 세제, 더러운 물에서 손을 보호해.

머릿수건
먼지가 머리에 묻지 않게 하고, 청소한 바닥에 머리카락이 떨어지지 않게 해.

사각 수건을 반으로 접어 쓴다.

마스크
먼지와 냄새가 입과 코로 들어오는 걸 막아.

앞치마
먼지, 세제가 옷에 묻지 않게 해.

나는 다 하고 옷 갈아입을래.
안전한 게 좋지.

청소 요령

바닥에 놓인 물건들을 제자리에 가져다 놔.

먼지를 위부터 아래로 털어 내.

바닥에 떨어진 먼지를 청소해.

위이이이이잉잉

한꺼번에 하지 말고 틈틈이 자주 하자.

힘들어.
왜 이렇게 할 게 많지?
점점 하기 싫어져.

정리 정돈

이제는 나 혼자도 할 수 있어. 처음에는 어떻게 해야 할지 몰랐는데, 내 물건을 내 몸, 내 눈높이에 맞게 놓는 것이 더 편한 것 같아. 보기 좋게 색도 맞추고, 키도 맞춰야지. 그리고 예쁜 이름표도 다시 그릴 거야.

서랍과 옷장 정리

이불, 옷, 양말 개기

이불이나 옷을 개는 이유는 옷장이나 서랍에 넣기 쉬운 형태를 만들려는 거야.
차곡차곡 넣으려면 네모난 형태로 개는 것이 가장 좋아.

이불

이불을 쫙 펴서 4등분해. → 양쪽을 접어. → 양쪽을 맞춰 접어. → 다시 4등분해. → 양쪽을 접어.

윗옷

등이 위로 올라오게 펴. → 양쪽을 접어. → 소매를 옷 안으로 맞춰 접어. → 반으로 접어. → 반으로 한 번 더 접어. → 사각형 완성!

바지

반으로 접어. → 튀어나온 엉덩이 부분 접어. → 위아래로 반으로 접어. → 또 반으로 접어. → 사각형 완성!

양말

두 발을 포개. / 양말을 목을 향해 접어 가.

목의 고무줄을 뒤집어. / 양말의 안쪽으로 양말 전체를 감싸.

치마

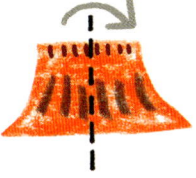  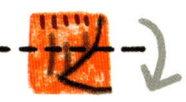 

반으로 접어. → 튀어나온 부분 접어. → 반으로 접어. → 사각형 완성!

집을 더럽히는 먼지, 때, 냄새

먼지

먼지를 청소하지 않으면 먼지끼리 뭉쳐.
문 뒤에 모여 있다가 문을 여닫을 때 날아올라.

먼지는 털고 쓸고 빨아들이고 닦아서 없애.

먼지는 어떻게 생길까?

- 몸에서 떨어지는 각질, 비듬
- 벽, 천장에서 떨어지는 콘크리트 가루
- 옷에서 떨어지는 섬유 보풀
- 봉제 인형의 보풀과 먼지, 이불에 숨어 있던 섬유 먼지
- 바람 따라 집 안으로 들어온 꽃가루나 흙먼지

때

손때, 기름때, 찌든 때가 있어. 먼지가 기름기와 섞여서 손때, 기름때가 되고, 이런 때가 쌓여서 찌든 때가 돼.

손때가 집 안에 퍼지는 과정

먼지가 손에 묻어 손의 기름기와 섞이면 → 손이 더러워진다. 이 손으로 → 스위치 누르고 → 벽에 손 짚고 문질 문질 → 유리에 지문 찍으면서 장난하고 → 리모컨을 누르면 → 때가 집 안 여기저기 묻어.

내가 묻히고 다니는 거였다니.

냄새

냄새의 원인은 때! 화장실의 지린내, 신발장 고린내, 입던 옷의 땀 냄새 같은 나쁜 냄새를 악취라고 해.

24

세제

세제는 때를 없애는 데 도움을 줘. 때를 힘만으로 문질러 닦는 것보다는 때의 성질에 따라 세제를 맞춰 쓰면 좋아. 힘들이지 않고 더 깨끗하게 때를 없앨 수 있거든.

합성 세제

석유 화학 성분으로 만든 세제야. 세제마다 주로 쓰이는 곳이 있어. 그런데 양을 잘 지켜야 해. 세제의 포장에 적힌 사용량을 따르면 돼.

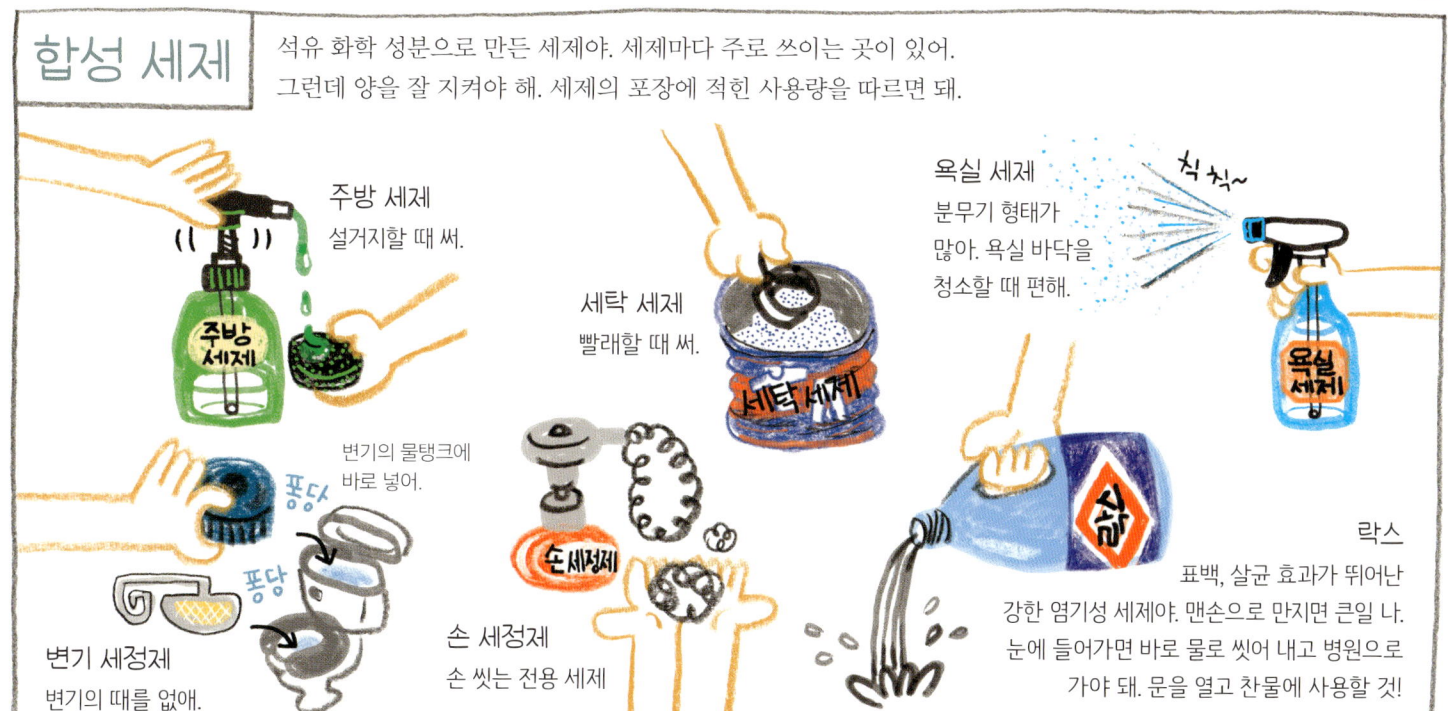

주방 세제 설거지할 때 써.

세탁 세제 빨래할 때 써.

욕실 세제 분무기 형태가 많아. 욕실 바닥을 청소할 때 편해.

변기 세정제 변기의 때를 없애. 변기의 물탱크에 바로 넣어.

손 세정제 손 씻는 전용 세제

락스 표백, 살균 효과가 뛰어난 강한 염기성 세제야. 맨손으로 만지면 큰일 나. 눈에 들어가면 바로 물로 씻어 내고 병원으로 가야 돼. 문을 열고 찬물에 사용할 것!

친환경 세제

합성 세제보다 때가 덜 지워져. 하지만 사람과 환경에 해를 주지 않아. 베이킹 소다와 구연산만 있으면 든든하지. 기름때는 베이킹 소다로 없애고, 물때는 구연산으로 없애면 돼. 그러니까 부엌에서는 베이킹 소다를, 욕실에서는 구연산을 쓰면 된다는 것만 외우자.

베이킹 소다 기름때를 잘 닦아. 습기와 냄새를 빨아들이고, 때를 긁어내.

습기와 냄새를 빨아들일 수 있게 구멍 뚫린 용기에 담아.

습기가 닿으면 녹거나 굳어. 공기가 통하지 않는 밀폐 용기에 담아.

구연산 유리컵의 찌든 때를 잘 닦아. 소독과 탈취에 효과가 있어.

그 밖의 청소 세제

원두커피 원두커피 가루는 바싹 말려 사용해. 젖은 커피 가루는 곰팡이가 생기기 쉬워.
하지만 냉장고에 쓸 때는 물기가 좀 있어야 냄새를 잘 없애.

커피 가루는 습기와 냄새를 없애 줘.

커피 가루를 종이컵에 담아 둬.

비료로도 쓸 수 있어. 다른 퇴비와 섞어 써도 좋아.

치약

치약을 마른 천에 짜.

방문 손잡이 / 찌든 때, 기름때를 닦아. / 누렇게 변한 피아노 건반

가구에 묻은 크레용 낙서

신문지

손자국이 난 유리창에 / 분무기로 물을 흥건히 뿌리고 / 신문지를 접거나 뭉쳐서 닦아.

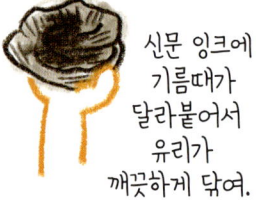
신문 잉크에 기름때가 달라붙어서 유리가 깨끗하게 닦여.

감자

감자를 토막 내.

이쑤시개로 감자를 찔러 진액이 나오게 해.

거울에 감자를 문질러서 진액을 거울에 발라.

마른 걸레로 닦으면 깨끗해져.

양말

구멍이 나서 못 신는 양말에

물을 묻혀.

젖은 양말을 돌돌 말아

좁은 창틀에 끼운 후 주욱 양말을 밀어 닦아.

청소 도구

털고, 쓸고, 닦는 걸 맨손으로 하면 얼마나 힘들까?
하루 종일 걸리겠지? 그러나 우리에게는 청소를 도와주는 도구가 있지.
빨리 끝내고 쉬어야겠어.

스팀 청소기
뜨거운 김을 내뿜어.
이 김으로 찌든 때를
없애고 진드기와
곰팡이를 소독해.

소형 청소기
작은 부분을 청소할 때
간단하게 쓸 수 있어.
모서리나 문틈 같은
좁은 곳의 먼지를
빨아들일 때도 편리해.

로봇 청소기
청소기가 스스로 움직여
먼지를 빨아들여. 로봇 청소기를
켜 놓고 다른 일 하면 돼.

진공청소기
넓은 공간을 청소할 때
꼭 필요해. 청소기가
바닥 먼지를 빨아들여.

빗자루와 쓰레받기

빗자루로 쓸고 쓰레받기에 담아서 버려.

대걸레

걸레에 자루를 달아 바닥을 닦을 때 허리를 굽히거나 무릎 꿇지 않고 닦을 수 있어.

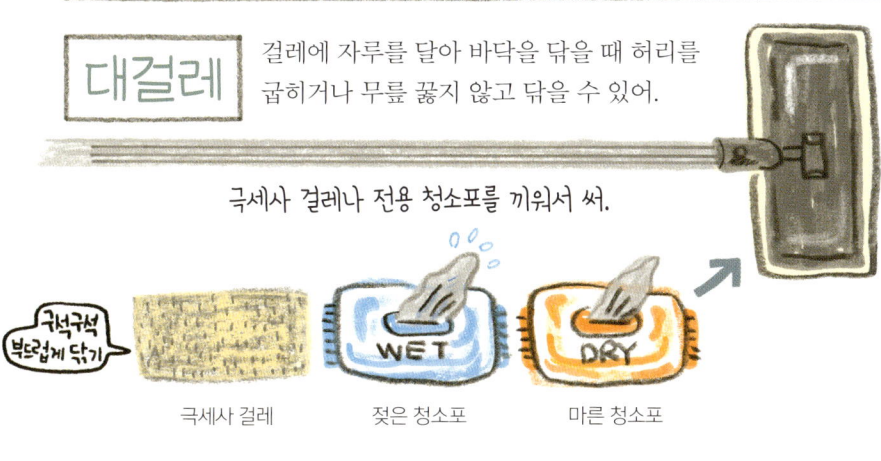

천천히 문질러 닦아. 너무 요란하게 움직이면 먼지를 더 일으킬 수 있어.

먼지떨이

먼지를 먼지떨이로 살살 털면 정전기가 발생하여 먼지가 흩날리지 않고 달라붙어.

테이프 클리너

머리카락이나 강아지 털같이 손에 잘 잡히지 않는 먼지를 끈끈한 테이프에 달라붙게 해서 청소해.

쓰레기 버리기

청소하고 나니 쓰레기가 한가득이야. 엄마가 먹은 커피 찌꺼기, 오늘 아침에 내가 다 마신 우유 팩, 깨진 할머니 화분. 이것들을 어디에 버리지? 깜빡이던 형광등도 새걸로 바꿨어. 그런데 다 쓴 형광등은 어떻게 버려야 하지?

쓰레기 분류하기

재활용 쓰레기 다시 쓸 수 있는 쓰레기가 있어. 이런 표시가 있는 쓰레기야.

타는 쓰레기 재활용이 안 되는 쓰레기는 종량제 봉투에 넣어서 버려.

쓰레기 종량제

쓰레기를 버리는 양에 따라 비용을 내는 제도야. 종량제 봉투 값에 쓰레기 처리 비용이 포함되어 있어. 종량제 봉투에 담은 쓰레기는 관할 지자체에서 수거해 가.

 10ℓ  20ℓ  50ℓ  100ℓ

봉투가 터지지 않게 적당히 넣어 묶어.

타지 않는 쓰레기 벽돌이나 항아리처럼 타지 않는 쓰레기는 마대에 넣어.

재활용 쓰레기 버리는 방법

 종이	 신문지  택배 상자  종이책  공책	★ 젖은 종이는 말려서 내놓자. ★ 흩어지지 않게 쌓고 묶어. ★ 비닐 코팅 된 종이는 재활용이 안 돼.
 종이팩	 우유팩  두유팩  주스팩	★ 용기 안에 다른 쓰레기를 채우면 안 돼. ★ 내용물을 비우고 헹궈서 내놓아. ★ 다른 재질로 된 뚜껑, 라벨, 은박지는 따로 버려.
 유리	 주스병  맥주병  소주병  음료수병  깨진 그릇과 도자기	
 캔류	 음료수 캔  통조림 캔  부탄가스 캔  분유통	★ 최대한 압축해서 부피를 줄여.  캔  PET병  우유팩
플라스틱 페트 비닐류	 약통, 비닐 쇼핑백, 완충 비닐, 플라스틱 용기, 생수병, 스티로폼, 과일 완충제	★ 부탄가스, 살충제 용기는 구멍을 뚫어서 내용물을 비워. (어린이는 하면 안 돼. 위험해.) **빈 병은 가게로** 병뚜껑과 함께 가게나 마트에 가져가면 돈을 받을 수 있어. 20원부터 300원까지.

함부로 버리면 안 되는 쓰레기

형광등과 건전지
주민 센터나 아파트 단지에 마련된 장소에 버려.

먹는 약
가까운 약국에 가져가. 약이 땅에 사는 생물에게 나쁜 영향을 줄 수 있거든.

식용유
주민 센터나 전용 수거함에 버려.

집과 자연

아침마다 나는 발코니에서 날씨를 확인해.
발코니에서는 비나 눈을 맞지 않고도 날씨를
확인할 수 있지. 창으로는 시원한 바람이 들어오고,
햇빛이 들어와 집 안을 환하게 비춰 줘.
집은 자연으로부터 나를 보호해 주기도 하고
나를 위해 자연을 받아들이기도 해.

빛과 바람

우리 집 큰 창에서 들어오는 바람이 상쾌해. 창으로 햇빛이 들어와서 거실 끝까지 밝아졌어. 바람과 햇빛 덕분에 발코니에 있는 화초들이 쑥쑥 자라고, 창가에 걸어 둔 운동화도 뽀송뽀송 마르고 있어. 집에 큰 창이 있으면 할 수 있는 것들이 많아.

빨래 말리기
햇볕과 바람으로 빠르게 말릴 수 있어. 빨래끼리 10센티미터쯤 간격을 두고 널어야 잘 말라.

실내 정원
간단한 채소와 꽃을 키우면 사계절 내내 꽃나무를 볼 수 있어.

햇빛
햇빛이 너무 많이 들어오면 힘들 때도 있어. 눈이 부시고, 여름에는 뜨거운 햇볕 때문에 너무 덥거든. 그래서 블라인드나 커튼을 쳐.

야! 눈부셔!

남향집의 햇빛

여름에는 해가 짧게 들어오고, 겨울에는 길게 들어와.

발코니 활용

집 안의 큰 창은 햇빛과 바람이 들어오는 통로야. 햇빛과 햇볕은 집 안을 밝고 따뜻하게 하고, 나쁜 균을 없애 줘. 바람은 집 안의 묵은 공기를 내보내고 새 공기를 들여와.

전망대
비나 눈이 오는지, 할머니가 어디까지 오셨는지 보려면 발코니로 달려가.

운동화 말리기
빈 병에 거꾸로 신발을 걸어 놓거나, 옷걸이를 구부려 신발 건조대를 만들어 걸어.

선반
자주 쓰지 않는 물건들을 보관해.

장독대
된장, 고추장, 간장 담은 항아리를 둬.

그늘
잎이 얇은 화초는 강한 햇빛을 견디지 못해. 서늘한 그늘을 만들어 줘.

환기는 하루 3번 30분 OK!

바람
집 안의 공기를 바꾸는 걸 환기라고 해. 하루 세 번 30분 이상 창문을 활짝 여는 거야. 미세 먼지가 많은 날도 잠깐씩 여는 게 좋대. 겨울에는 추우니까 10분씩만 열자.

우리 집 실내 정원

채소 키워 먹기

양파 싹
양파 뿌리가 물에 잠기도록 컵에 걸쳐 놓으면 싹이 올라와. 이 싹을 잘라 먹어. 보기에도 탐스럽고 키우기 쉬워.

물미나리
뿌리나 줄기를 물에 꽂으면 돼. 일주일에 두세 번 물을 갈아 줘. 그늘에서 키우면 새순이 연하게 자라.

허브 키우기

햇빛과 바람이 많이 들어오는 곳에 두고 키워야 해.

페퍼민트
향이 시원해서 머리를 맑게 해 줘.

로즈마리
졸릴 때 향을 맡으면 잠이 깬대.

라벤더
향을 맡으면 마음이 안정되고 잠이 잘 와.

바질
향이 좋아서 요리할 때 많이 써.

공기 정화용 화초 키우기

산세베리아
물을 자주 주지 않아도 잘 자라. 소음이나 전자파 차단에 좋아.

아이비
흙이 마르지 않게 물을 자주 주어야 해. 수액에 독성이 있으니 손에 묻지 않게 조심! 퀴퀴한 냄새를 없애 줘.

할머니는 꽃나무가 가장 좋다고 하지만, 먹을 수 있는 채소를 더 좋아하는 거 같아. 제일 많거든.

청경채
사계절 내내 잘 자라. 여름에는 그늘에 둬. 진딧물이 잘 생기니 보이면 바로 잡아야 해.

비타민
서늘한 환경에서 더 잘 자라. 자투리 구석에서도 잘 자라. 샌드위치에 넣어 먹으면 맛있어.

대파 키우기

뿌리가 잘 살아 있는 흙대파를 사.

10센티미터쯤 뿌리를 살리고 밑동을 잘라.

흙을 채운 화분에 뿌리가 잘 묻히도록 심어. 일주일에 한두 번 물을 줘.

파가 자라면 밑동을 남기고 윗부분을 잘라 먹어. 여러 번 잘라 먹을 수 있어.

호야
한 달에 한두 번 물을 주어도 잘 자라. 실내 온도를 낮추는 효과가 있어.

인도고무나무
카펫이나 벽지에서 나오는 유독 가스를 흡수해. 가지의 하얀 수액은 눈과 피부에 좋지 않으니 조심!

야레카야자
풍성한 잎으로 실내 습도를 조절해. 추운 날씨를 싫어해.

날씨와 집

할머니가 쯧쯧 혀를 차며 창문을 다 닫았어. 오늘 미세 먼지가 너무 심하거든.
나가지도 못하고 창문도 못 열어서 답답해. 집도 날씨를 느낀대.
집이 더우면 시원하게 해 주고 추우면 따뜻하게 해 주어야 한대.
우리나라는 계절에 따라 날씨가 다르기 때문에 철마다 집에서 해야 할 일이 많아.

황사
중국과 몽고의 사막 지대에서 흙과 모래, 먼지가 바람을 타고 우리나라로 오는 것. 황사는 햇빛을 가리고 눈병이나 비염을 일으켜.

미세 먼지
자동차나 공장, 발전소에서 나오는 더러운 물질이 먼지처럼 공중을 떠도는 거야. 황사보다 몸에 더 해로워. 아주 미세해서 몸에 쉽게 들어와. 심장이나 피부, 호흡기에 병을 일으켜.

황사, 미세 먼지 대처법

황사나 미세 먼지가 발생하면

창문을 다 닫아.

음식이 식탁에 나와 있다면 먼지가 들어가지 않게 뚜껑을 닫거나 랩으로 씌우기.

황사와 미세 먼지가 물러가면 창문을 열고 환기를 해.

분무기로 공중에 물을 뿌려. 먼지가 물방울을 만나 바닥에 떨어질 거야. 물걸레로 바닥을 닦아.

쾌적한 공기 만들기

공기 청정기
실내 공기를 깨끗하게 해 줘.

화초 키우기
공기를 깨끗하게 해 주는 효과가 있는 화초를 키워.

무더위

여름은 무덥고 습해. 습도가 높아서 견디기 힘든 더위를 무더위라고 해. 바다에서 육지 쪽으로 덥고 습한 바람이 불기 때문이야.

여름나기 준비

무더위 대처법

습도를 낮추자.

냉방병 주의!

에어컨을 너무 낮은 온도로 오래 켜고 있으면 감기나 냉방병에 걸릴 수가 있어.

에어컨을 켜고 있을 때는 환기시키는 걸 잊지 말자.

에어컨을 켜고 선풍기나 공기 순환기로 찬 공기를 집 안에 퍼트리면 전기를 덜 쓸 수 있어.

태풍

우리나라에는 일 년에 몇 차례 큰 비바람이 불어. 이걸 태풍이라고 해. 바람이 아주 세서 창문을 부술 수도 있어. 거리에서는 간판이 떨어지고, 물건이 날아다녀서 사람을 다치게 할 수도 있어. 우산을 써도 온몸이 다 젖을 정도로 비가 사납게 와. 그런 때 우리는 집에서 꼼짝 말고 있자.

태풍이 오기 전 준비

집 주변 하수구나 배수구 청소하기

창 밖에 말리던 것들을 안으로 들여놓기

창문과 현관문 닫기

창틀과 유리가 만나는 곳과 유리창에 박스 테이프 붙이기

건조

여름에는 그렇게 습하다가 겨울에는 정전기가 번쩍번쩍할 정도로 건조해. 건조한 날씨에는 불이 날 위험이 크니 불조심하자.

건조함이 내 몸에 미치는 영향

입과 목이 마르고 기침이 나.

피부가 쩍쩍 갈라져.

피부가 가렵고 긁으면 각질이 떨어져.

정전기가 생겨.

건조할 때 대처법

가습기 틀기

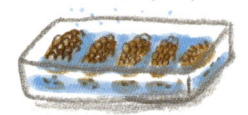
숯을 물에 담가 놓기 / 솔방울을 물에 담가 놓기

어항

젖은 빨래 널어 놓기

집 안에 화분 두기 (물을 자주 갈자)

한파

겨울에는 날마다 춥지만 특별히 더 추운 날씨가 여러 날 계속될 때가 있어. 이걸 한파라고 해. 한파 때는 집이 꽝꽝 얼지 않게 돌봐야 해. 집 밖의 차가운 공기가 집 안으로 들어오지 않게 막는 것이 가장 중요하지.

한파 대처법

밤에 잘 때 수도꼭지를 아주 살짝 열어서 물을 한 방울씩 똑똑 떨어뜨리자. 그래야 수도가 얼지 않아.

수도 계량기와 보일러가 얼지 않게 옷을 입혀.

안 입는 옷이나 스티로폼으로 계량기를 감싸.

가스 연결 파이프들을 감싸.

발코니의 화분 옮기기

추위에 약한 화초들은 따뜻한 집 안으로 옮겨.

창문에 뽁뽁이 붙이기

창밖의 차가운 공기를 뽁뽁이가 막아 줘.

폭설

겨울에 눈이 한꺼번에 많이 내려서 눈이 쌓이고 쌓이면 여러 피해가 생길 수 있어.

눈이 내리면

눈 그치고 나서 눈사람부터 만들어 보자.

우리 집 앞 눈을 치우자. 그냥 두면 얼었다 녹으면서 빙판이 되거든.

집 안에 주로 나타나는 해충들

해충은 주로 여름에 많이 보여. 벌레도 추우면 살기 어렵거든.
겨울에는 따뜻한 집 안에서 가끔 보이지.

이웃과 배려

오늘은 윗층 아이들 때문에 골이 지끈지끈 아팠어.
오늘따라 너무 뛰고 떠들어서 우리 집까지
울리는 것 같았어. 나는 이웃끼리 이래도
되는 거냐고 울부짖었지만, 엄마가 우리 강아지
놀자도 가끔 짖어서 피해를 주니 참으래.
도시에 사는 많은 사람들은 공동 주택에 살아.
한 건물 안에 여러 집이 있고,
벽을 사이에 두고 이웃이 되는 거야.
그러다 보니 우리 집에서 나는 소리가
이웃에는 큰 피해가 될 수 있지.
이웃하고 사이좋게 살려면 서로 배려해야 해.

층간소음

공동 주택에 살면서 가장 피곤한 게 아마 층간 소음일걸? 윗집에 너무 뛰고 쿵쿵거리는 사람들이 살면 정말 괴로워. 시끄러워서 잠도 잘 못 자고, 피곤하고, 짜증이 나고, 화가 부글부글 치밀어! 그런데 우리 집 때문에 괴로운 사람들이 있을지도 모르지. 우리 집 소리가 덜 나가는 방법을 알아보자. 그런 게 바로 배려야.

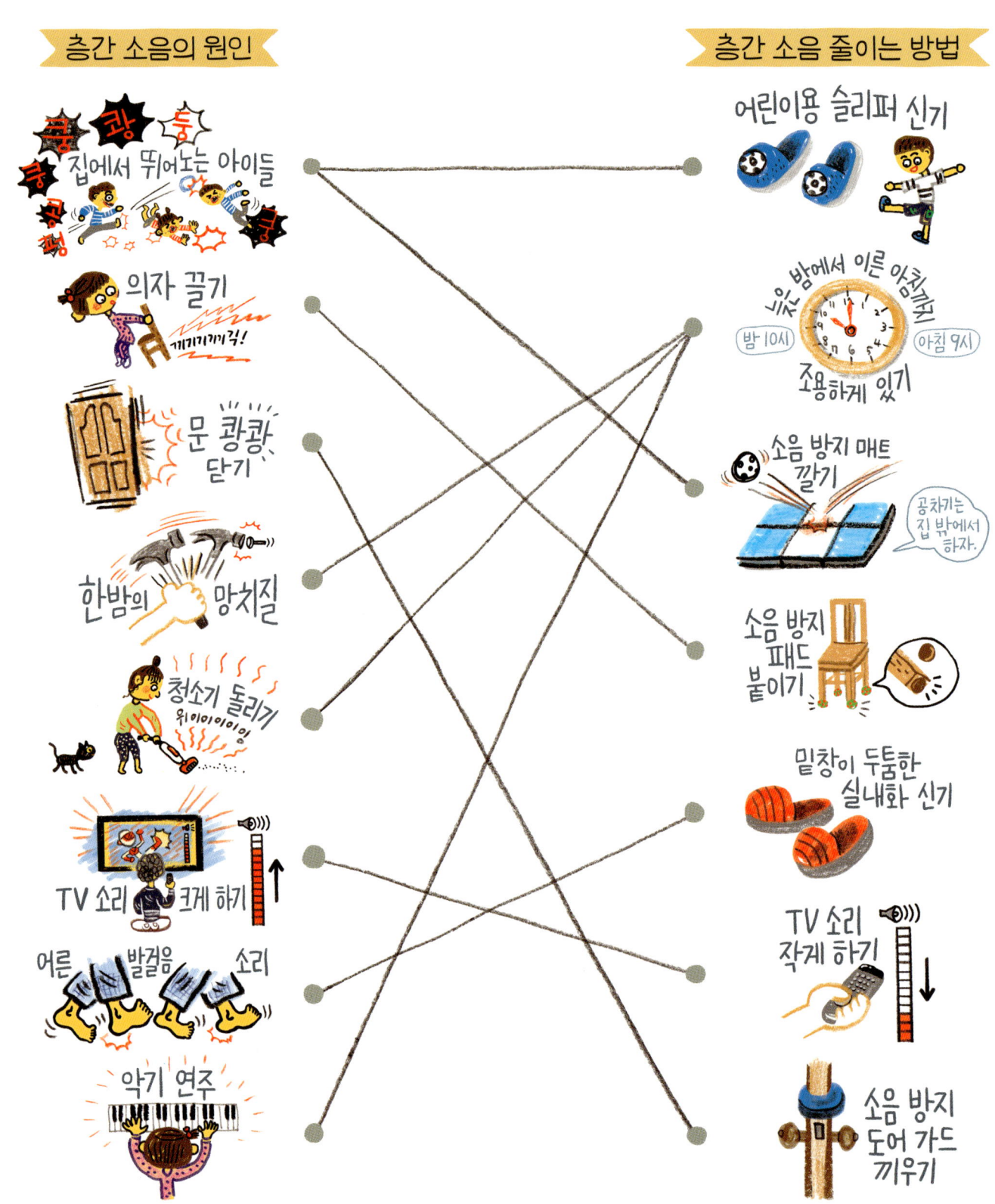

같이 쓰는 공간

공동 주택은 계단이나 복도, 주차장 같은 곳을 같이 쓰지.
남에게 방해되지 않고 깨끗하게 쓰기!

계단에 쓰레기 내놓지 말기
우리 집 깨끗하겠다고 남들 불쾌하게 하면 안 되겠지.
지나다니는 사람들한테 방해도 되고 해충도 꼬여.

자전거는 자전거 거치대에 묶어 놓기
통로에 묶어 놓으면 위험해.
소방 통로가 확보되지 않고, 비상시에 건물을 빠져나올 때 방해가 돼.

건물 밖으로 쓰레기 던지지 않기
건물 밖 지나가던 사람이 쓰레기를 맞을 수 있어.
아니면 창을 열어 놓은 아래층 집에 바람 타고 들어갈 수도 있지.

소음
인테리어 공사를 하거나 이사처럼 시끄러울 수밖에 없는 일이 있을 때는 미리 이웃에 양해를 구해. 이웃들이 많이 보는 게시판이나 엘리베이터 안에 쪽지를 붙여.

<공사합니다>
202호 화장실 공사합니다.
기간: 5/10 ~ 5/12 (3일간)

공사 때문에 소음이 생기고 계단 사용에 불편을 드리게 되어 죄송합니다.

이웃과 다툼을 줄이려면 이웃끼리 평소에 잘 지내는 게 좋아.
왜냐하면 배려하는 마음이 더 커질 수 있거든.
처음에는 쑥스럽겠지만 마주칠 때마다 반갑게 인사하는 것부터 시작하자.

쓰레기는 정해진 장소에 내놓기
종량제 봉투에 넣어서 동네에서 정한 시간과 장소를 지켜 내놓아야 해. 특히 음식물 쓰레기를 아무 데나 버리는 건 심각한 민폐야.

드라이버

나사를 조이고 풀어.
나사 머리 모양에 맞는
드라이버를 사용해.

일자 드라이버 / 십자 드라이버
일자 머리 나사 / 십자 머리 나사
풀기 / 조이기

드라이버 비트

비트는 모양이 여러 가지야. 비트를
드라이버 몸통에 꽂아 쓰는 거야.

끼운다.
비트

전동 드릴

전기를 쓰는 공구야. 구멍을 뚫거나 나사를
아주 빨리 조이고 풀 수 있어.

스위치 — 손가락으로 손잡이를 눌러서 작동시켜.
〈조이기〉 〈풀기〉

전동 드라이버로 변신!
끼운다.
나무와 시멘트벽에 구멍을 뚫을 수 있어.
비트와 드릴을 바꿔 끼우면 전동 드라이버로 변신해.

글루 건

총처럼 생겼어. 접착제인 글루 스틱을 안에
끼워서 써.

글루 스틱

뒤에 글루 스틱을 끼우고 전원을 연결하여 가열해.

가열된 후 방아쇠를 당기면 녹은 접착제가 나와.

접착제는 금방 굳으니 빨리 붙여야 해.

육각 렌치

육각 너트

육각 너트의 구멍에
육각 렌치를 끼워서,
조이거나 푸는 데 써.
가구나 자전거를
조립할 때 많이 써.

집에 꼭 있어야 할 비상 용품

구급상자

집에서 다치거나 아플 때가 있어. 그럴 때 간단히 응급 처치를 할 수 있도록 구급약과 의료 도구를 모아 놓은 상자를 구급상자라고 해. 주의할 건, 어른이 없을 때 약을 함부로 먹으면 안 된다는 것! 아는 약도 물어봐서 먹어야 해. 꼭!

연고 바르기
연고를 면봉에 조금 짜. 면봉의 연고를 상처에 발라.

체온 재기
체온계를 귓구멍 안에 넣어. 1~2초 뒤 체온을 재.

상처 치료 연고 — 상처 난 곳에 바르는 연고
면봉 — 작은 부위를 소독하고 연고를 바를 때 써.
압박 붕대 — 상처를 감싸서 보호한다.
멸균 거즈 — 상처를 덮어 보호하거나 닦을 때 써.
핀셋 — 거즈나 솜을 세균이 묻지 않게 집을 수 있어.
가위 — 거즈, 붕대를 잘라.
고막 체온계 — 귀의 고막을 둘러싼 피부의 체온을 측정해.
일회용 밴드 — 상처에 붙여. 하루가 지나면 떼어 내.
알코올 솜 — 알코올 솜을 쓰기 편하게 만든 것. 상처를 소독해.
반창고 — 상처나 붕대, 거즈를 움직이지 않게 고정시켜.
소화제 — 체했을 때 소화가 잘 되게 도와.
진통제 — 통증을 덜어 줘.
해열제 — 열이 날 때 체온을 적정 체온으로 내려.
감기약 — 감기 증세를 줄여 줘.

일회용 밴드 붙이는 방법

관절 부분

관절이 아닌 부분

손가락을 접었다 폈을때 밴드가 들뜨지 않는다.

발 뒤꿈치에도...

가정용 소화기

작은 불이 났을 때 급히 끌 수 있는 도구야.
소화기는 현관, 거실 등 눈에 잘 띄는 곳에 놓아.
햇빛이 없고, 건조하고 서늘한 곳에 둬.

손잡이
안전핀
안전핀 분실 방지용 끈
호스
분사 노즐
용기
겉에 녹이 슨 곳이 없는지 확인해.
녹이 슬면 가스가 샐 위험이 있어.

압력 게이지

소화기 안 가스의 압력을 보여 주는 장치

가스 압력이 떨어지면 불 끄는 약이 분사되지 않아.

불 끄는 약제가 굳지 않게 한 달에 한 번 뒤집어 흔들어 줘.
안전핀이 빠지지 않게 조심!

사용 가능한 화재 표시

A 보통화재용 — 나무, 종이, 섬유

B 유류화재용 — 기름, 식용유

C 전기화재용 — 누전으로 인한 전기 화재

가정용 소화기는 모든 화재에 사용할 수 있는 약제를 사용해.

소화기 사용법

침착하게 안전핀을 뽑고
다른 손으로 용기를 잡아 움직이지 않게 해.

분사 노즐을 불 쪽으로 향한 뒤
야외에서는 바람을 등지고 서서 노즐을 불 쪽으로 향해.

손잡이를 움켜쥐고

빗자루로 쓸 듯이 넓게 골고루 뿌려.

방문이 잠겼어!

면봉이나 이쑤시개를 이용해.
가늘고 길쭉한 것이라면 뭐든지 쓸 수 있어.

면봉의 양쪽 길이가 다르게 잘라.

길게 잘린 면봉을 손잡이 옆 구멍에 끼워.

'딱' 소리가 날 때까지 밀어 넣어.

"다녀오겠습니다!"
나는 아침에 일어나 씻고 밥을 먹고 학교로 가.
하루 일과를 마치면 집으로 돌아와.
집은 내가 오늘 있었던 일을 가족과 함께 이야기하고
앉고, 눕고, 구르고, 먹고, 누고, 잠자는 곳이야.
내 몸을 잘 씻고 돌보듯이 집을 잘 보살피면,
집에 사는 나에게 이로워.
내일도 나는 나갔다가 다시 집으로 돌아올 거야.
"다녀왔습니다!"